# 雅有风情寄乡愁

## 浙江省旅游风情小镇导览

浙江省文化和旅游厅 编

中国旅游出版社

责任编辑：王欣艳 王佳慧
责任印制：冯冬青

图书在版编目（CIP）数据

雅有风情寄乡愁：浙江旅游风情小镇导览 / 浙江省文化和旅游厅编. -- 北京：中国旅游出版社, 2018.12
ISBN 978-7-5032-6171-8

Ⅰ. ①雅… Ⅱ. ①浙… Ⅲ. ①乡镇－旅游指南－浙江
Ⅳ. ①K928.955.5

中国版本图书馆CIP数据核字(2018)第289898号

书　名：雅有风情寄乡愁——浙江省旅游风情小镇导览
作　者：浙江省文化和旅游厅 编
出版发行：中国旅游出版社
（北京建国门内大街甲9号　邮编：100005）
http://www.cttp.net.cn E-mail：cttp@mct.gov.cn
营销中心电话：010-85166503
排　版：浙江旅游信息中心有限公司
经　销：全国各地新华书店
印　刷：北京工商事务印刷有限公司
版　次：2018年12月第1版　2018年12月第1次印刷
开　本：787毫米×1092毫米　1/16
印　张：7.5
字　数：50千
定　价：62.00元
I S B N　978-7-5032-6171-8

# 浙江省主要旅游风情小镇分布图

MAP

# 【序】

从浙北的水乡古镇到浙南的田园村落，从浙西的秀山丽水到浙东的海岛渔家——在浙江十万多平方公里的疆域里，无数的旅游风情小镇点缀其间，犹如繁星点点，颗颗璀璨。这些魅力小镇或因风光旖旎、或因文化深厚，或因民俗惊艳，或因故事动人，更显闪耀，颇具风情，传承至今。

浙江是全国最早提出旅游风情小镇创建的省份之一，从2013年开始就酝酿创建实施方案和相关标准。2016年，省政府办公厅发布了《浙江省旅游风情小镇创建工作实施办法》，明确提出要通过5年左右的时间，在全省验收命名100个左右民俗民风淳厚、生态环境优美、旅游业态丰富的省级旅游风情小镇，由此正式启动省级旅游风情小镇创建工作，开全国之先河。

旅游风情小镇，是指在行政建制镇（乡、街道）范围内，拥有独特的自然风景、建筑风貌、节会风俗、特产风物、餐饮风味和人物风采，以旅游休闲为主导功能，以规划保护为前提，人居环境优美和谐、地域风情丰富多彩、公共服务配套完善、综合管理保障有力的特定区块。

风情小镇是实现乡村振兴、加速城镇化建设的新引擎。党的十九大提出了乡村振兴战略，旅游风情小镇的创建就是我省实施乡村振兴战略的一项具体举措。同时，我国当前正在不断加快新型城镇化的建设步伐，小城镇作为其重要组成部分，面临着诸多发展问题，通过旅游的引导，现有小城镇、小村落就地形成人群聚集、消费聚集、服务聚集，有利于实现城乡统筹，使百姓和农民就地增收致富，这也将会成为未来新型城镇化发展的主要方向。风情小镇是记录乡土风情、展现文化自信的大窗口。习近平总书记指出:“我们要坚持道路自信、理论自信、制度自信，最根本的还有一个文化自信”。创建旅游风情小镇的核心就是文化的固化保护、活化传承。旅游风情小镇更加强调人文风采等“六个风”建设，就是要通过不断挖掘小镇的文化底蕴、文化因子，更好地汇聚起并保护本土文化和文脉资源，留住小镇的根，让浙江的传统文化更加自信，熠熠生辉。

风情小镇是串联全域发展、打响旅游品牌的助推器。乡村旅游是发展全域旅游的重点。在推进全省大花园建设、万村景区化的过程中，小镇作为城与乡的结合点，是推进和带动的关键节点。发挥好旅游风情小镇龙头带动作用，就可以通过串点成线以及核心辐射，百镇带动千村万村，促进全域旅游发展。创建旅游风情小镇将成为打造“诗画浙江”核心竞争力的关键，把具有独特文化魅力的江南水乡、江南小镇打造好，演绎成如诗如画的场景与产品，便能更好地吸引游客、留住游客。

肩负着历史与现实的责任与使命，旅游风情小镇建设正在加快发展的步伐。2018 年1 月，在全省旅游工作会议上，省政府命名了首批省级旅游风情小镇14 家，目前全省累计创建单位159 家，近年又明确了50 家左右的重点创建单位。旅游风情小镇培育创建工作已被写入《浙江省第十四次党代会报告》，成为省委、省政府重点工作，也是未来浙江文化和旅游发展的又一“新坐标”。

几千年的历史沉淀、文化滋养，浓缩和体现在全新的风情小镇建设中，将其汇编成册，以求与您共同领略浙江的风情小镇，感受这一处处如画的美景、如醉的风情、如诗的情怀！

浙江省文化和旅游厅厅长：

2018年 12月

# 目录

CONTENTS

## 杭州



## 宁波



## 温州

## 湖州



## 嘉兴



## 绍兴

## 金华



## 衢州



## 舟山

## 台州



## 丽水



## 后记

# 余杭区 塘栖镇

市门相向锁长虹
画舸奔云趁晚风

首批省级旅游风情小镇

—— 古镇塘栖

始建于北宋的塘栖，历史悠久，自元代商贾云集，蔚成大镇，明清时富甲一方，为“江南十大名镇”之首。塘栖是闻名遐迩的“鱼米之乡、花果之地、丝绸之府、枇杷之乡”。

—— 依河傍水美人靠

—— 十里梅花香雪海

清光绪《唐栖志》中有着这样的记载:“迨元以后，河开矣，桥筑矣，市聚矣。”又云:“唐栖官道所由，风帆梭织，其自杭而往者，至此少休;自嘉秀而来者，亦至此而泊宿，水陆辐辏，商家鳞集，临河两岸，市肆萃焉。”

塘栖依运河而生，运河文化是塘栖文化的精髓。悠悠岁月荡涤着运河两岸，形成塘栖镇水乡风情“南北融合，雅俗共赏”的地方特色，使其成为苏、沪、嘉、湖的水路要津，历朝历代塘栖均为杭州市的水上门户。

塘栖的古建筑颇具特色，深宅大院皆高筑风火墙，隐于弄内，引申出一条又一条的陪弄。塘栖最出名的街市——廊檐街，洋溢着浓郁的水乡风情，称奇江南。塘栖那曲曲直直的长廊将全镇连成一片，出门连下雨都用不着戴笠穿屐了。在靠河的一边还有一长溜独特的木质长椅——“美人靠”与廊檐街相配套，颇具特色。

— 广济大桥

— 粢毛肉圆

去塘栖，你一定要去走走那座广济桥。这座已有数百年岁月的古桥，就像塘栖的魂，有了它才有了古镇的繁华。作为运河遗址的一部分，走过这座桥的一砖一瓦，都有跨越时光的美。目光所及的广济桥南北，是熙熙攘攘的兴盛景象，历史的流转与今日的运河文化旅游打造相得益彰。

塘栖百姓历来对于吃菜颇为讲究，注重刀工火候，讲究精工细作，重油重酱，讲究入味，其色、香、味、形的要求和杭帮菜近似。关于特色小吃，当地民谚这样称道“法根糕饼汇昌粽，粢毛肉圆香又糯。细沙羊尾香烘烘，塘栖板鸭鼎正宗。”

更有趣的是，在这里竟然还能寻觅到老杭州人的年味：它看得见，摸得着，村坊上的皮影戏五场连演，弄堂里的老字号端出各色糕点，老街坊的粢毛肉圆浓香诱人……春节期间，余杭塘栖镇将传统美食、民间习俗集中展示，打造别开生面的“年味节”。

作为运河杭州段最负盛名的景点之一，塘栖坐拥丰富的历史文化资源，在蜕变中不断寻找着新的发展方向。

### 小贴士

塘栖镇位于杭州市北部，与湖州市的德清县接壤，著名的京杭大运河穿镇而过。水陆交通十分便捷，浙S13申嘉湖杭高速公路穿镇而过，浙S304省道、京杭运河东西向贯穿全镇，塘康公路、拱康路、圆满路延伸段（S304省道G320国道连接线）直通杭州，距杭州主城区15公里，水上巴士直达武林门。

# 淳安县 姜家镇

首批省级旅游风情小镇

一江碧波绕姜家
天光云影美如画

—— 忠义千秋

姜家镇保留了大量明清时期的徽派历史建筑、牌坊等，自然古朴，隐僻典雅。通过建筑外立面改造和风貌整治，基本形成白墙黛瓦、大街小巷的格局。奎文塔、狮城博物馆是姜家镇的地标性建筑。“姜家”的“姜”是美女“姜”，与“家”连在一起，就像姜家的山水人文一样，风情万种又盛载了乡愁。

狮城姜家风物传奇——“狮城庙会”是这里的传统民俗节庆。舞狮、旱船和朱熹讲学舞是最具代表的三项民俗演艺活动。狮城姜家传承古法，美食众多，遂绿茶、小竹笋、姜家烧饼、泰源糕点、木旺索面等美味特产深受百姓和游客的喜爱，十八碗、江百味、宜福春等老字号餐厅在保留浙西传统风味的基础上不断创新。狮城姜家更是人文荟萃，瀛山书院、百琴楼等名胜孕育出詹仪之、詹骙、方逢年、毛际可等文人名士。

—— 芹川古镇民宿

—— 千岛湖

—— 2017“醒狮文渊”狮王争霸赛

景区紧紧围绕“狮城归来、唤醒好奇”这一品牌定位，倾力打造高品质文旅产品，以秀美的湖湾风情，尊贵的住宿体验，精准的商业定位，神奇的百态演绎秀，酷炫的好奇灯光秀，梦幻的岛上养生体验等定制式的套餐，体现古城的静谧，让游客与千岛湖深度交融，寻找最美妙的生活……

—— 姜家镇小巷

**小贴士**

姜家镇位于淳安县西南部，距县城39 公里。狮城姜家旅游风情小镇位于姜家镇，是连接皖、赣、闽等旅游景点的交通中继点。姜家镇是淳安西南部的交通枢纽，有千岛湖环湖公路贯通全镇，交通便利。

# 富阳区 龙门古镇

此处山明水秀
胜似吕梁龙门

—— 古镇鸟瞰

—— 庆丰收

—— 豆腐

龙门古镇，地处山水灵秀的富春江南岸，仙霞岭余脉的龙门山下，北依剡溪，龙门溪与剡溪呈丁字相交穿越古镇，周围峰峦四起。古镇里90% 以上的村民为孙姓，史载为三国东吴孙权的后裔，定居于此已有千余年。

村内以防御性极强的发散状街巷为骨架，以宗祠、厅堂为中心筑成迷宫般的传统民居聚落，是现今江南地区明清古建筑群中保存较为完整的山乡古镇。更具有粗犷硬朗的风骨，在充满阴柔情调的江南可谓是独树一帜。

龙门长约400 米的卵石古街不可不去，古巷里清风如水，街上的卵石被岁月滋润得很温婉，两旁的店铺依稀可见古时的招牌，小店里的光线都很暗淡，旧式的算盘、盛着糖果的玻璃瓶、还有红红的二踢脚，都搁在高大沉重的老式木质柜台上……这缤纷温婉的一幕幕都是历史的缩影。

2008 年，龙门古镇被命名为“中国历史文化名镇”。2012 年，龙门九月初一庙会被列入第四批省级非物质文化遗产项目。与农耕文明相伴的龙门庙会，作为乡村传统文化的集中展演，作为一种仪礼和群体性的地方庆典，在龙门百姓的生活中有着重要的意义。

—— 古镇之夜

龙门面筋是来到龙门的人，几乎都要品尝的独特美味，外形椭圆，用油炸得金黄，馅大皮脆酥香，是孙权家族留下的佳肴特产。另外还有孙氏草编米花糕、麦饼、桑果汁、霉干菜、笋干等，极具乡土风味，是馈赠亲朋好友的不错选择。

到龙门古镇,可以感受到江南特有的民俗风情，领略孙权家族千年来所形成的浓厚的孙氏文化，饱览秀美的龙门山自然风光，重温严子陵游览时的诗情画意。

**小贴士**

1- 龙门古镇位于杭州市富阳区龙门镇，在杭州市西南 52 公里的富春江南岸。

2- 自驾车从杭州出发沿 320 国道南线往桐庐方向，经中埠大桥收费站，前行 100 米道口下，8 公里即可到达龙门。

—— 古镇义门

# 萧山区 河上镇

越中山水绝纤尘

溪口风光步步新

—— 自强不息

—— 制作年糕

河上镇位于萧山区南部，它历史悠久，风景秀丽，文化底蕴深厚，唐代开始就形成集市，南宋迁都临安，这里更是商贾云集，买卖兴隆，自古以来河上镇就是有名的诸、萧、富三市区接合部的商贾集散地。

漫步石板路上，河上老街的味道浓郁，如今的河上古镇仍保留着小桥流水人家的古风古韵，小青瓦，木梁雕花，勾檐斗角……江南的小雨依然不紧不慢，洋洋洒洒，如烟如雾，走进烟雨江南的诗情画意，就像走进梦里。

—— 梦娜斯庄园

—— 海鸟天地民宿

—— 红色旅游

每到元宵，火红的“巨龙”便会在整个镇子游走盘旋。板龙在当地已有百年的历史。龙身一节一节连贯在一起，各式各样的套路花式令人应接不暇，俨然蛟龙出海，煞是好看；离近了观赏，龙灯里的烛光犹如满天的星星在闪烁，美不胜收。正是土生土长的小镇人民对它的保护与传承，赋予了板龙鲜活的生命。

每到年糕节，木桶、缸钵、石磨、蒸笼等年糕制作工具已经早早地准备就绪。热腾腾的糯米面团一出炉，就立马放进石臼，舂年糕的师傅一个舂、一个翻。用檀木榔头捶100下，才能定型。虽然工艺复杂，但这样一槌槌碾出来的手工年糕，口感软糯香甜，吃起来就像小时候外婆亲手做的一样。

在霏霏斜舞的烟雨中，小镇朦胧成一种古意的浅愁。或与友人把酒当歌，谈古论今；或邀三五知己，尝当地的特色小菜，品淳朴的农家味道……这里的夜比都市少了一分喧哗，却更添了一分悠闲。

**小贴士**

河上镇位于萧山区南部，距离萧山城区 26公里，距离省级小城市瓜沥城区 40公里，地处萧山、诸暨、富阳三市区交界地带，是萧山南部地区的交通咽喉。从萧山城区过去，可走 03省道，过临浦、戴村，到达河上镇。

# 象山县 石浦镇

首批省级旅游风情小镇

百里黄金海岸
千年渔港风情

—— 聂耳雕塑

石浦是象山县最大的沿海城镇，石浦渔港有着 600余年历史，地处东海之滨、象山半岛南端，素有“浙洋中路重镇”之称。石浦历史悠久，因先民聚落于大金山麓峡谷中，三面环山，以“溪流入海处山岩直逼海中”而得名石浦。

—— 饮海三湾民宿

—— 三月三踏沙滩民俗

—— 石浦古城

石浦东南方向 25海里处，有一个远离尘嚣的海岛渔村——渔山岛。碧海奇礁，金沙渔火，如是美景在这片海水透明度达 10米以上的地域，如画铺展。晴朗天气海边垂钓，拾贝赶海，情趣盎然；待夕阳西下，则是银盘当空，繁星相拥，塔光闪烁，渔火点点，海风拂面而来，此情此景无可比喻。

石浦几百年的历史发展为石浦沉淀下了宝贵的渔文化、海商文化、海防文化、饮食文化等海洋文化遗产以及由此衍生而出的各类节会风俗，被誉为“活”着的渔文化博物馆。同时超过千年的渔猎生息给石浦留下类型丰富、形态多样的渔文化非物质文化遗产，多数非遗可向旅游产品转化，如鱼灯、船模、鱼拓等手工艺术品。

石浦民间饮食文化源远流长，一桌海鲜十六碗详尽地诉说着石浦作为“海鲜王国”的地位，其美食基本上为海鲜制品，郑记鱼丸、鱼糍面等都是石浦家喻户晓的食物；另外丰富的抗倭故事也为食饼筒、夹沙糕等名小吃找到了食物起源。

不同于其他江南风情小镇的温婉秀丽，石浦的特质是古朴厚重，加上粗犷豪放的渔港风情，具有明显的“海洋重镇”特色，集渔文化、海防文化、渔商文化于一体。在全国范围内具有资源唯一性，令人难以忘怀。

**小贴士**

石浦镇对外交通主干线由沿海南线石浦段和沿海高速公路石浦连接线构成，宁波汽车南站和北站都有车到象山石浦，抵达石浦汽车东站。

—— 开渔节

# 宁海县 前童镇

青藤白墙黑瓦

前童古貌犹存

首批省级旅游风情小镇

—— 四合院

前童以其民居布局奇特、明清古建筑保存完整而蜚声遐迩。街巷异常狭小，建筑异常密集，身处其中就如走迷宫一般。走进前童的卵石小径，路边是幽碧的流水，身旁是青砖墨瓦、镂棹雕棂，脚下是嵌图道地（天井），如若在淫雨霏霏的春日，更显出其曾经沧海的古朴与肃杀，也更能体现出古镇的纤丽和清幽。

枋门窗上满是雕饰，精巧的跃鱼马头墙和脊塑墙花具有独特的地方风格。马头墙是古代江南富户官宅威势的象征，据说级数越多，代表的职位越高。墙面嵌着雕花石窗，外墙上塑浮雕文字，墙尖塑着冲天而起的跃鱼和飞龙，寓含“鲤鱼跳龙门”之意。门窗匾额的一首首诗词，一篇篇家训和祈盼吉祥的话语无不反映了浙东民居深邃的文化韵味和昔日大族人家的繁华。

前童古镇居民一直以来有做豆腐的习惯，当地特有的沙地黄豆、传统的豆腐制作技艺使前童豆制品美食一直被游客所赞誉，最出名的美食要数“前童三宝”，即豆腐、空心腐、香干三种豆制品。

—— 木匠和雕刻

—— 特色民宿

—— 十里红妆

—— 前童三宝

每逢农历正月十一以后，前童的大街小巷就会热闹起来，还有邻近的栅下、下叶等村的田户都从四面八方出集拢来，锣声鼓声，响彻云霄，传遍山野田园。到了正月十四、十五两天，纪念活动进入高潮。狮舞龙舞，互相交融，由龙旗引导，一路上鼓乐齐鸣，炮声震天，绕村跨溪，有条不紊。

## 小贴士

1- 清明前后为出游佳季，村后的大片油菜花都开了，一片片的金色衬着粉墙黛瓦，美不胜收。

2- 前童交通便捷，214省道（甬临线、34省道）、G15高速（甬台温高速）穿镇而过，甬临线复线紧挨前童古镇集散广场。

# 奉化区 溪口镇

风光依旧在
岁月四时新

—— 武岭门

—— 蒋氏故居

奉化区溪口镇，东靠武岭，南濒剡溪，北靠雪窦山，水绕山环，景色秀丽。近代这里又因是蒋介石、蒋经国父子的故里而引世人瞩目，是华东旅游主干线上的一颗璀璨明珠。杜甫曾写道："剡溪蕴秀异，欲罢不能忘。"剡溪在古时的名气之盛可见一斑。

溪口镇的直岙村附近，重岩峭壁，岩边草木丛生，崖顶涧阔，有洞桥。涧水澄白，源自踌躇岭，过谷穿林，至此湍急奔突，循崖而泻，大雨过后声若雷霆，震撼山谷。有水流自千丈岩顶泻下成瀑，喷薄如雪崩。瀑高 186米，飞珠溅玉，五彩纷呈，蔚为壮观。王安石观瀑诗云："拔地万生青嶂立，悬空千丈素流分。共看玉女机丝挂，映日还成五色文。"

—— 剡溪与文昌阁

溪口在岁月的流逝中积淀成独具特色的民风民俗，令人神往心醉。如正月初一吃汤果、正月十四夜闹元宵、清明上坟吃麻糍、立夏吃笋吃豆吃田螺、端午吃粽子插蕲艾、七月七槿树叶汁洗头发、重阳麻团安稳糕。

—— 雪窦寺

—— 千丈岩瀑布

—— 千层饼

芋艿头、千层饼、水蜜桃被称为“奉化三宝”。溪口的千层饼，创始于清代，将芋头粉和面粉和在一起，加上海藻，擀成薄片，再折起来用炭火烘烤制成，入口松脆香甜。奉化芋艿头光滑、味鲜美，易烧酥，又富含淀粉，香糯可口，可当主食，又可当点心，是溪口人的最爱。

在溪口，弥勒圣地、雪窦山景和蒋氏故里，所有的景色和故事，随着千年的流水，悠然流淌……

**小贴士**

从宁波地区可以自驾1小时、坐公交988/987（汽车南站-溪口）到溪口；上海、杭州地区坐高铁、动车到达宁波南站，再转公交或者坐直达大巴（10元）到溪口。

# 慈溪市 鸣鹤古镇

红尘多少兴衰事
尽没葱茏岁月中

—— 鸣鹤雪韵

—— 医药讲解

—— 医馆配药

慈溪有一座鸣鹤古镇，始建于唐开元年间，迄今已有1200 多年的历史，保存着浓浓的江南韵味。鸣鹤古镇依山成街，因河成镇，镇边有寺，渔耕人家枕河而居。那千帆过尽独悠然的古朴巷子，仿佛让人从一个五彩斑斓的世界走进了一张老旧发黄的黑白照片。

鸣鹤古镇多古时药业豪宅，高墙黑瓦和挥之不去的书卷气息带来的是古镇独有的宁静。这里还有有着千年历史的浙东第一古刹——五磊寺，和创建于梁大同年间的金仙寺。在古镇里踱步而走，听着潺潺流水，伴着悠扬的诵经声，恍惚间，时光仿佛倒流了千年。

来古镇必然少不了品尝一番当地美食。散着米香、馅料丰厚的年糕饺，吃起来Q 弹无比；用麦芽糖制成的老鼠糖球，软甜的口感无比诱人……当然，如果你想吃正餐，也可以去农庄里吃一顿湖鲜，尝尝这里的白洋湖鱼头，味美汤鲜，值得一试。

—— 金仙寺

—— 国医馆

作为古越人之乡的慈溪，历来有节庆上演越剧戏曲助兴祈福的习俗。所以春节到鸣鹤古镇，一定不要错过看场社戏。热热闹闹唱大戏，红红火火过大年。二胡、板胡、扬琴，悠扬欢快的曲调，将人们对于新年的期盼，融入其中。每当锣鼓响起，无论白发长者还是黄毛孩童都不约而同地往戏台聚集，喜气洋洋，年味十足。

白天的鸣鹤，墙头在阳光下斑斑驳驳，空气透着闲散的味道。但若是夜游鸣鹤，无论是盈盈清碧的白洋湖水，还是两岸流光溢彩的各色装饰，都显得婀娜多姿。在古镇浪漫的夜色里枕水而眠，伴随着朦胧的灯光，恍惚间，时光好似倒流千年。

—— 杨梅汤

**小贴士**

鸣鹤古镇位于宁波市慈溪市观海卫镇南部，距离杭州 110 公里，上海 120 公里，宁波 40 公里。自驾时走沈海高速，从观海卫出口往南 5 公里即可到达。

# 泰顺县 泗溪镇

在时光流转中
邂逅最美廊桥

首批省级旅游风情小镇

——溪东桥

—— 溪东桥

泗溪，一个历史悠久、人文荟萃、底蕴凝厚的地方。境内溪流众多，南溪、东溪、北溪和西溪四溪汇聚合流，人称“泗水迴澜”，以此得名。这里刻画着历史的年轮，诉说着岁月的沧桑，也孕育着希望之花。

泰顺多桥，源于这里崇山峻岭和深涧曲流的隔阻。为方便生产生活和内外交往，先民们突破这一道道天然关卡的有效办法就是造桥。尤以北涧桥和溪东桥最为著名，均属全国重点文物保护单位，人称“泗溪姐妹桥”。矗立在桥头的两棵参天古树掩映着廊桥和民宅，廊桥屋檐上的脊兽和民宅山花上的悬鱼在枝叶的摇曳中，若隐若现。

—— 农历二月二民俗活动

泗溪节会风俗独特，特产风物众多。“二月二”“廊桥文化旅游节”“森林旅游节”“百家宴”等文化活动开展得多姿多彩。可以体验祭祀文化，感受木偶戏、八宝灯、龙凤狮子灯、吊九楼、碇步龙等当地民俗民风。

泗溪是革命之乡，红色历史源远流长。1935年，中国工农红军挺进师在粟裕、刘英率领下进入泰顺广泛开展游击战争，创建革命根据地，先后成立中共闽浙边临时省委、浙南特委，创立红军山洞医院。革命先辈用生命和鲜血谱写了一曲曲动人的革命篇章，筑起了一座座血染的丰碑。

在这里，听一曲《我在廊桥等你》，仿佛身处古意盎然的宋画之中，那些渐行渐远的记忆，鲜明芬芳，夹在湿润的河风中，氤氲在你眼前……

—— 沐云·鸣泉乡居民宿

—— 特色美食

小贴士

泗溪距县城30 公里，约30 分钟车程，新58 省道贯穿泗溪镇。泗溪距离温州市区约1.5 小时的车程，距丽水方向约2 小时车程，交通非常便捷。沿途都是秀山丽水，风景绝佳。

# 洞头区 东屏街道

## 一岛、一湾，为故乡

—— 半屏岛

“半屏山、半屏山，一半在洞头，一半在台湾”，这首民谣很好地诠释了洞头与台湾一衣带水的地缘、亲缘关系，因此东屏街道在此建设“一岛一湾”海峡两岸同心小镇，在这里，渔民捕鱼，孩童欢笑，老人与海，万物皆芳。

—— 东屏一望

东屏街道集中了全区60% 的旅游资源，拥有全区最多的景点、最美的海岸线，主要以岛奇、礁美、滩佳、生态优引人入胜，东海第一临海悬崖栈道贯穿景区。漫步在这同心小镇之中，不经意间就能感受到悠久斑斓的历史，历史古建与虎皮石墙的老厝是渔村的建筑标志。出海、晒鱼干、织渔网、编织蒲圻叶、种上一亩良田，随处可以感受到渔家人最淳朴的生活。

小镇保留了闽南传统的节日习俗、地域民歌、方言俚语等地道的闽南符号。七夕民俗风情节定于农历七月初七，这日设立七星亭，祭拜七星夫人为孩儿举行成人仪式。2014 年中国民间文艺家协会将这里定为“中国七夕文化之乡”。“迎头鬃”开捕节在每年渔汛之后，评出海捕捞最高的渔船，被评上的渔船成为“迎头鬃”，是浙江省非物质文化遗产。

洞头民俗小食四大巧（鸡鸭桌上叫、熟饭用粉包、猫耳朵下水煮、美人儿任你咬）、姜茶、咸饭等是洞头的特色美食，其散发出的香气令人垂涎欲滴。

—— 海天左舍民宿

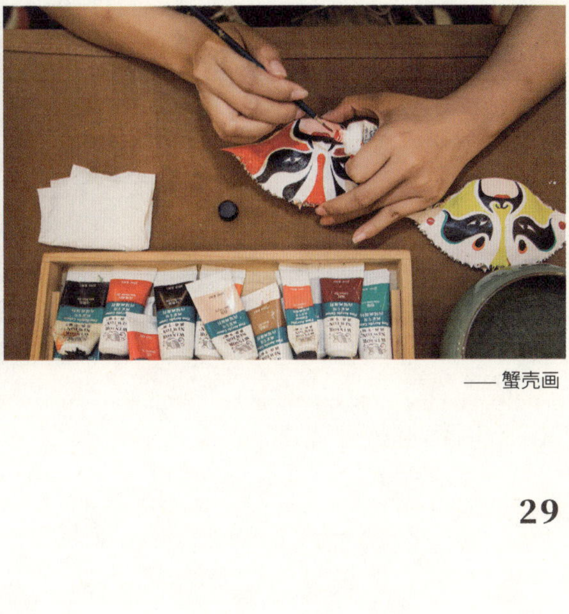

—— 蟹壳画

—— 炸鱼丸

—— 晒番薯

此外，东海贝雕工艺品被列为省级非物质文化遗产，作品《帆锚相依》还被命名为“大世界吉尼斯中国最大贝雕件”，同时民间的渔灯、贝壳画、渔民画、瓦石画等也成为小镇特有的传承性工艺品。

**小贴士**

东屏街道位于洞头列岛中部的洞头岛东南部以及南群的半屏岛，面朝东海，紧邻主城区。

# 苍南县 矾山镇

**瞩目工业矾都**
**情迷悠长古道**

—— 福德湾矿工村老街

矾山镇位于浙南东海之滨，四周群山环抱，东高西低，是一个东西走向的葫芦形盆地，盛产明矾，素有“矾都”之美誉。矾山镇是苍南县唯一的矿山集镇，明矾石矿储藏量、品质及产量均居全国前列、世界领先，成为浙江旅游发展的新亮点。

—— 矾矿

—— 矾矿矿洞

—— 肉燕羹

因明矾的挑运，出现了专用型的挑矾古道。其中矾山至藻溪古道，全长50公里，形成于清代，抗日战争时期成为矾山明矾输出的唯一通道。在最盛时，整条道上人流不息，每天有上万人往返穿行于此路。直至1957年矾山至灵溪公路通车后，此道才淡出人们视野。

在工业转型的今天，矾山仍保留了大量的炼矾高炉、工人大礼堂、苏式办公楼等特色建筑，散布在山岭的两侧，鳞次栉比，错落有致。蜿蜒而上的石筑山岭就是小街的街市，山岭每上一步台阶，街市也高一级台阶，街面最高处与最低处有近10米的垂直落差。传统民居内置梁架结构，上盖青瓦，站在院子里，既可以俯瞰矾山镇貌、眺望远处山色，又可以回避城镇的喧嚣，尽情享受山上的幽雅与清静。

矾塑晶莹剔透，色彩缤纷，是矾山矿工刘朝宝首创的民间工艺品。矾塑至今已传承三代，“透明的含蓄”不仅是矾塑工艺独特的艺术之美，也成为矾山当地独特的技艺，声名远播。

矾山人在美食上总是能够变出许多花样，肉燕、卤鹅、戚光饼、莲花根、拌面等10余种特色小吃，给食客们带来难忘的体验。其中“为唐公肉燕”获评“浙江十大特色小吃”，“达记肉燕”“老妈卤鹅”相继获评“中国名小吃”。

—— 矾塑制作

—— 矾山镇老街

## 小贴士

世界矾都旅游风情小镇矾山镇位于浙南边陲、东海之滨，地居苍南县西南部，由G15沈海高速观美互通下经S232驱车25分钟（23公里）即可到达。

# 德清县 莫干山镇

首批省级旅游风情小镇

久闻风景莫干任
百里峰调竹掩嵌

莫干山镇背靠着国家风景名胜区莫干山，属西天目山余脉。小镇内四季分明，雨量充沛，具有典型的山乡镇特征；极目远眺，重峦叠嶂、植被丰富，宛如一片绿海。

—— 莫干山全景

—— 莫干山年俗文化节

—— 蕨宿民宿

—— 莫干山镇街道

游览莫干山，一是看雨后大雾，山腰以下被迷雾吞没，塔山仿佛飘浮在云层之上，如海中之小岛。二是看日出与云海，气象万千，如入梦幻之中。到了深秋，这里更是美如童话，五彩的丛林，黄的，绿的，红的，相互交织，层层渲染，像极了一幅幅刚画好的风景画。

莫干山镇地处莫干山麓，竹和茶是莫干大花园中最有代表性的物产。不仅有千年银杏、千年红豆杉等珍贵树种，另外分布广阔的毛竹、茶树、果树等形成的山林有23.2 万亩，森林覆盖率达到90% 以上。此外，美味可口的青圆子、入选美食节目《十二道锋味》的茶熏鸡是游客们不可错过的当地美食。

—— 裸心堡

莫干山镇依托莫干山，古往今来不乏文人墨客的到访，文化气息浓厚，留存着众多的人文景观和历史文化遗迹。小镇是著名诗人沈约的故乡，南北朝大文学家庾信、宋代武康知县毛滂、民国政府第一任外交总长黄郛等人也都曾与小镇有过一段故事。

如今，莫干山镇别墅星罗棋布，留存有250 多幢风格迥异的建筑，既得中华文化之精髓，又有着西方文化之灵气，因此被誉为“万国别墅博览园”。莫干山镇更成为中国国际乡村度假旅游胜地，被美国有线电视新闻网（CNN）称为“除了长城之外15 个你必须要去的中国特色目的地之一”，2012 年被《纽约时报》评选为全球最值得去的45 个地方之一。

**小贴士**

莫干山镇地理位置优越，位于美丽富饶的长江三角洲的杭嘉湖平原，沪、杭、宁金三角的250 公里半径范围内，杭宁高铁开通后，小镇到上海、南京的距离缩短至 1 小时车程，高速、高铁、航空等都可便捷通达。

# 南浔区 南浔镇

首批省级旅游风情小镇

粉墙黛瓦乌篷船
小桥流水炊烟缓

—— 百间楼

南浔自古就是江浙雄镇，查考历史，最远可以追溯到东晋时期。在南宋的绍兴年间（1150 年左右），有“浔溪”的地名；至南宋嘉定年间（1208—1224 年），浔溪改名为“南林”，此时，这里已是“耕桑之富，甲于浙右”；明清时更是兴盛，成为重要的蚕丝产地，聚集了近代最大的丝商群体，镇市已经十分繁荣了。

—— 通津桥

—— 丝竹之韵

—— 烧鱼宴

南浔给人最深刻的印象是那千年的古桥与百年的老屋，这些千百年的建筑至今依然矗立在南浔。似乎时间在它们身上已经停止，而它们的存在，是以自己的方式向后来人默默讲述着曾经的风雨岁月。

一座座小桥沟通了小城内如织的水路，那半圆形石拱桥横跨在市河之上，与水中的倒影组合成一轮满月，斑驳的青灰色像清晨的残梦，总会勾起一缕令人回忆的思绪。南浔留下了众多的中西合璧、令人叹为观止的经典建筑。最有风情的是镇东边的百间楼，这是明代董份家眷的住处。沿河百十间民居临水而筑，顺河弯曲，灰屋顶、白粉墙、木扇门，倒映在水波之中，是一幅精致的水上人家画卷。

来到桥头，小食摊里“滋滋”作响，金黄色臭豆腐在油锅里翻着身；大锅里“咕噜咕噜”滚着热水，老板熟练地操起一把生面落到锅里，片刻工夫就捞了起来，放到有葱、酱油、猪油的大碗里，一整套动作行云流水……

南浔始终充满着文化气息，素有“文化之邦”和“诗书之乡”美誉。在中国近代史上，南浔古镇人才辈出，以清代著名的政治家、书法家刘墉为代表。现当代史上，又出了张静江、张石铭、徐一冰、徐迟等知名人士。

南浔古镇有着美丽的水乡风貌和浓厚的古典韵味，自然与文化交融，历史与传统互动，那份浓厚的情致能满足所有人对江南的想象。

—— 刘氏梯号

小贴士

申苏浙皖高速、申嘉湖高速、练杭高速、318 国道、318 复线穿境而过，距上海、杭州、苏州均为1 小时左右车程。高速、国道、镇区内旅游交通标识标牌清晰。

# 长兴县 小浦镇

杏林十里黄金甲

细雨霏霏听无声

—— 银杏林里玩耍

—— 十里银杏长廊

长兴，是一个有着1700 多年历史的小县城，这里年代久远，民风淳朴，是无数人心中渴望隐居的地方。小浦镇原名合溪，因境内有一条溪水，其上游为众多溪水至此合为一条，故名。

中国古银杏长廊位于小浦镇的八都岕。岕内青山排闼，大涧中流，12.5 公里长的银杏林成为一道以“原、野、奇”为特色的风景线。人们称誉“走遍天下景，难见银杏古树群”，长兴银杏堪称“世界银杏的故乡”。

小镇建筑风格纷呈，建筑艺术多样。由于受中国传统建筑和西方建筑思潮的双重影响，形成了不同风格建筑共存的局面，构思精巧，自然得体。小镇以民间菜和农家菜为主，主打银杏特色菜。其中银杏肉圆、银杏肚肺汤、银杏糕、银杏羹、白果鸡汤、涧花鱼、红烧土鸡以及各种生态野菜深受青睐。

—— 芳草地

—— 林中阁民宿

—— 特色美食

古银杏文化旅游节是小镇最具特色的节庆盛会，深秋里，最美莫过银杏黄。随着秋意渐浓，银杏叶慢慢由金黄变成橙红，片片秋叶，随风摇曳，仿佛一只只飞舞的蝴蝶。齐里婚庆非遗表演、滩簧非遗表演、“小京班”非遗表演、祭树王仪式、骡车巡回观光、音乐节、帐篷节等活动五彩纷呈，热闹非凡。

晨曦中的小浦镇，朝云出岫，一抹霞光透过银杏，照耀在宁静的村落之中，古朴的灰瓦檐如披金粉，长街短巷被缓缓点亮，远眺而去，美丽得像一幅画卷，宁静安详。

小贴士

小浦旅游风情小镇位于长兴县西北部，交通条件得天独厚，素有“东方莱茵河”之称的长(兴)湖(州)申(上海)航道纵贯全境，距离长兴高铁站16.3公里。

# 嘉善县 西塘镇

首批省级旅游风情小镇

忆江南
最忆是西塘

—— 生活着的千年古镇

—— 雪霁

西塘，曾被称作“斜塘”，自古就是人杰地灵之风水宝地。古镇村口有两棵高高的古银杏，接云擎天；石桥一座连着一座，纵横交错；街边临河的廊棚绵长，如鱼脊般延伸；两岸是层叠错落的水上人家，枕河而眠；船夫撑着船划过，荡起浅浅涟漪；能够对门坐着聊天的窄街上日日都有繁忙的买卖……

西塘民间的美食很诱人，沿街到处都是美味醉人的酒家和酥香四溢的土特产。春来，荠菜包圆是尝鲜的首选做法，汤汁鲜醇;夏日，购一盒可口八珍糕尝尝，祛暑健胃;秋来，提一娄荷叶粉蒸肉添菜下酒，齿颊流香;冬至，尝一碗热腾腾的肉骨头粥，口角生津。

西塘人自古以来接受吴越文化熏陶，骨子里就带有吴地特色的说唱戏乐之爱好，昆曲、评弹、说唱样样精通，各类民间文化活动十分丰富。七老爷庙会是西塘百姓一年一度的狂欢节会，彻夜不断，隆重热烈，喜气洋洋。

—— 水乡

一方水土养一方人。西塘古往今来人才济济，涉及各个门类，搞艺术的，兴教育的，精手艺的、写诗文的，群英荟萃。西塘在打造旅游风情小镇时，始终把文化建设放在重要位置，在“生活西塘，儒善小镇”的主题定位中也能看出，西塘深受儒商文化的影响。

——留白艺术客栈民宿

——一日之计在于晨

——书法

**小贴士**

西塘镇地处江浙沪三省交界处，属于浙江省嘉善县，距嘉善市区10 公里，地处杭嘉湖平原水网地区。交通便利，可采取铁路、航空、旅游专线等多种方式到达。

# 桐乡市 乌镇

首批省级旅游风情小镇

有疑天下颜不老
水墨乌镇梦江南

—— 乌镇

正如黄磊在电视剧《似水年华》中的一句台词，“这是一个让人好想谈恋爱的地方”，乌镇，可以说是江南古镇中最浪漫的版本了。

乌镇多桥，小小的镇子，在清康熙年间竟有124座桥，号称“百步一桥”，现今也还留存有39座桥。沿河的小街蜿蜒而细长，石板路的两侧乌檐青瓦，沿河的小舟穿过一个又一个桥洞。一只只乌篷船轻轻地过去，此时便想走进沿河的茶馆里，叫一壶茶，听流水潺潺之声从耳边荡过，满是闲适。

—— 戏剧节

—— 西栅景区

漫步在暮色里的小巷，两边的老旧阁楼和粉墙黛瓦尽显乌镇的庄重和深沉，在这戴望舒笔下的“幽长又寂寥的小巷”中，仿佛在转角处就会邂逅那个“结着愁怨”的“丁香一样”的姑娘。行走在河畔的鹅卵石小径，下一秒就可以走进杨柳岸、晓风残月的江南梦。

乌镇最有名的地方特色菜是红烧羊肉，酥酥的，甜中带辣，特别是冬至后的羊肉味道最为鲜美。白水鱼也是当地特色菜，一般的家常菜还有乌镇酱鸡、梅菜扣肉、姑嫂饼、定胜糕、臭豆干、青团……都别有风味。

乌镇最具国际影响力的节庆活动是乌镇国际戏剧节，圆了戏剧人的梦，也圆了乌镇的梦。戏剧节期间，国际、国内戏剧大师会聚乌镇，戏剧与古镇，这两个文化元素的碰撞与融合，带来一场传统文化与新兴艺术交会的盛宴。

—— 长桌宴

——互联网大会会址

如今的乌镇，青石板路与信息高速公路并轨前行，传统文化与现代戏剧和谐共处，古老和创新在时空中融合，千年古镇愈发璀璨。乌镇，来过便不愿离开，因为这里有别样的梦境。

小贴士

乌镇位于浙江省桐乡市，与嘉兴、湖州和苏州吴江交界，交通极为便利。可以选择自驾，也可以选择从上海、南京、杭州等地坐旅游专线或者普通班车前往乌镇。

# 海宁市 盐官古镇

古邑居民半海涛
师来构筑便能高

—— 钱江观潮

盐官古城，距今2200 多年，自古富庶繁华，盛极一时。青砖石板、粉墙黛瓦、民清古居印证昔日的喧嚣与繁华。从宣德城门进入古城，穿梭于宁静而古朴的古城小巷里，聆听宰相府第陈阁老宅内的乾隆身世之谜，探秘江南紫禁城海神庙内雍正篡位的千古谜案……时光仿佛在这里凝固了。

—— 特色美食

—— 房车营地

海宁盐官，不仅是观赏钱江潮的最佳地点，还有着“小桥、流水、人家”的写照。宰相府第风情街上，在粉墙黛瓦的民宅里，藏着各式江南小店。不时有穿着古装的工作人员往来，街上的花居雅舍还是《鹿鼎记》（黄晓明版）的取景地，让人不禁沉浸在金庸武侠的幻境里。

色同琥珀的缸肉，香气扑鼻的袜底酥，松软甜糯的堰兢糕……这里总能在不经意间，唤起江南人心中最柔软的记忆。尤其是这道缸肉：缸肉用缸煮，是一奇；其肉鲜无比，是二奇。缸肉的美味很难用文字表达，那种酥烂的口感，那种肉汁迸发于口中的鲜香……要知其味，只有亲自品尝才是。

看一出皮影戏，已经成了来盐官不得不做的十件事之一。已有1000 多年历史的皮影戏，在盐官这样的地方存在是最合适不过的。当皮影逐渐成为书中记载的一个剧目名词，相比于幕前的戏剧呈现，或许幕布之后的悲欢离合更值得关注。

—— 孔庙学宫

—— 盐官古城楼

喜欢一段音乐，怀念一段时光。月夜当头，古城转角传来一阵民谣歌声，嘶哑的嗓音里带着岁月的沧桑，木质吉他的旋律让人不由止步，品着酒听着歌赏着月，抛却杂念，只沉浸在这古城的一方世界。

**小贴士**

海宁盐官镇位于嘉兴市海宁市，距杭州50公里。从杭州市区出发，走杭甬、杭浦、杭州湾环线北线，全程为高速的绝佳路况，45 分钟左右便可以轻松抵达古镇。

# 柯桥区 安昌镇

首批省级旅游风情小镇

绍兴师爷故里
越地风情安昌

—— 水墨安昌

人杰地灵的绍兴安昌是一个演尽历史繁华的江南古镇，依山傍水，景色清幽。古镇核心老街开市于明代中期，明清风格建筑保存较好，素有“碧水贯街千万居，彩虹跨河十七桥”的美称。

镇内有许多白墙青瓦的古民居，还有沿河而建带着顶棚的长廊，长廊两侧有各种传统特色的店铺作坊，翻轩骑楼，错落有致。安昌古镇上有条长达1747 米的老街最有特色，数百年来，棉、布、米集散兴旺，抗战前夕尚有商号900 余家，是城区外市集之最。

在安昌还可以感受到绍兴几千年民俗风情：热闹的水乡社戏、喜庆的船上迎亲、传统的手工酿酒、穿梭的乌篷小船，乃至裹粽子、串腊肠、扯白糖等江南风俗一应俱全。隆冬腊月，漫步安昌老街，更能体会到喜庆祥和、古老淳朴的水乡地方风情。虽经千年岁月，古镇人家依然保持着传统生活习俗，处处可见鲁迅笔下的乡土风情。

—— 若耶山居民宿

—— 酱货市场

—— 酱园

—— 扯白糖

安昌腊肠、酱油、扯白糖等是古镇里的特产风物。其中，以安昌腊肠最为出名，每到秋风起，安昌古镇就会被一串串腊红的香肠点缀，从街头到巷尾，无处不弥漫着腊肠的香味。

历史上安昌人文荟萃，宰辅封疆，循吏硕儒，史不绝书。科举之外幕风蔚盛，是全国有名的绍兴师爷故里，建有全国唯一的“绍兴师爷博物馆”。古镇留存的非遗资源众多，绚丽多彩，特色鲜明，是浙江省首批民族传统节日“春节”的保护地。

### 小贴士

安昌古镇与杭州的萧山相接，南靠柯桥，北邻杭甬高速公路。自驾游从杭甬高速公路柯桥（中国轻纺城）道口下向南至第一或者第二个十字路口折西，2.5 公里至安昌古镇入口，交通十分便利。

## 诸暨市

# 山下湖镇

桃源望断无寻处
珍珠小镇溢光彩

—— 珍珠养殖地

诸暨是绝色美女西施的故乡。诸暨山下湖珍珠，举世瞩目，不断演绎着中国淡水珍珠的传奇。山下湖镇以自然风光为主，作为著名的珍珠养殖基地，水系发达，呈现“湖中有田、田中有湖、人湖共居”的美好景象。

“新筑乡道镜面平，桥外农舍相呼应”，山下湖镇的美丽乡村充满了亮点特色，自有江南水乡之秀丽。有别于城市风貌的“乡土味道”，以乡村元素激发乡村记忆，牢牢系住在外游子的“深厚乡愁”。

“和美富足古风存，还君明珠剖蚌时”，小镇风俗节会中最重要的就是珍珠文化节，两年举办一次，充分展示中国珍珠之乡的风土人情和珍珠产业的形象。作为中国乃至世界最大的淡水珍珠产地，诸暨珍珠早已举世闻名，蜚声国际。古时大禹定“诸暨珍珠”为贡品，近几年，诸暨山下湖珍珠还作为“国礼”被赠送给许多国际友人。

—— 山下湖

—— 米果果乐园

“水清鱼肥稻花香，蚕桑蓝田桃源里”，小镇餐饮风味富有江南地区水乡文化的韵味，以淡水鱼虾河鲜及家禽、豆类为烹调主料，注重香酥绵糯、原汤原汁、轻油忌辣、汁味浓重。其中部其蹄髈是诸暨当地婚宴酒席的必备菜肴，珍珠蚌肉更被誉为“山下湖的鲍鱼”。

“望得见山，看得见水，记得住乡愁”，风景秀丽的湖畈、静谧悠长的田间小道、蔚然成风的人文情怀，一个“有温度、有品质”的山下湖镇正在脱变……

—— 珠宝交易市场

—— 珠宝

—— G20 天使之泪

### 小贴士

位于西施故里浙江诸暨的东北部，北靠杭州，东临绍兴，交通便利，区位优势明显，距诸暨高铁站18 分钟车程，距杭金衢高速路口8 分钟车程，诸永高速出口6 分钟车程，03 省道东复线和浦阳江重要支流枫桥江穿镇而过。

# 越城区 东浦镇

我欲因之梦吴越
一夜飞渡镜湖月

—— 老街夜景

东浦镇地处绍兴古城和中国轻纺城之间。据史料记载，古镇已有千年的历史，有着极其丰富的人文景观和文化内涵，以及得天独厚的资源优势。它是闻名于世的绍兴黄酒的发祥地，也是伟大的爱国诗人陆游和辛亥革命先烈徐锡麟的故乡，故东浦有“水乡，酒乡，桥乡，名士之乡”的美称。

—— 黄酒小镇

—— 黄酒制作

黄酒小镇所在的东浦古镇在东晋末年形成聚落，两宋时期形成集镇，有1600余年历史。目前小镇内部的房屋结构多沿袭明清时白墙黑瓦的建筑风格，水街深巷处藏匿着一座座幽静古朴的深宅大院——台门。台门是小镇当地的特色建筑，是一个封闭式的独立宅院，里边一般有三至九进房子，大抵包括台门斗、天井、团地、大厅、厢房、阁楼等。台门也被称为“中国民居史上的一颗明珠”。

历史上，小镇名人辈出，无数文人学者在此流连忘返，并留下了大量千古传唱的名句。陆游晚年定居故里三山，在饱览鉴湖风光之余，发出了“千金不须买画图，听我长歌歌镜湖”的赞美之词。爱国主义教育基地徐锡麟故居就坐落于小镇内，每年吸引着大批学生和游客纪念这位革命义士。

黄酒小镇民俗文化底蕴深厚，其中与农事密切相关的四时八节祭祀更为讲究，有“春祭天、夏祭地、秋河神、冬开酿”的说法。特别是每年农历七月初六至初八的迎酒仙赛会期间，家家设祭，户户宴请，搭河台，演大戏，热闹非凡。如今，又逐渐新增了黄酒封坛节、糯稻开耕节、黄酒开酿节等节庆活动，成为绍兴黄酒主要的节会活动举办地。

—— 黄酒冰淇淋

这里荡漾着鉴湖之水，保留着古匠人的做酒手艺，每逢佳节，这里的人依旧用老祖宗的酿造手艺联络着亲友聚会的感情。小镇内桥水相错，船从镇中穿流而过，岸头手艺人在娴熟地纳着布鞋。这里就是东浦，一个跟酒有着深厚渊源的小镇。

**小贴士**

东浦镇隶属于浙江省绍兴市越城区，位于长江三角洲南翼，西接中国轻纺城，东邻镜湖国家城市湿地公园，北连国家级绍兴袍江经济技术开发区，分别与斗门镇、马鞍镇、安昌镇、柯桥区市区、福全镇、越城区市区接壤，交通十分便利。

—— 徐锡麟铜像

—— 云集酒庄

首批省级旅游风情小镇

# 义乌市 佛堂镇

千年古镇韵犹存

佛堂繁华照市明

—— 古镇遗韵

佛堂自然条件优越，风光优美，宜居宜游。石牛山、云黄山、道院山、严岩山，钟灵毓秀；南江、义乌江，源远流长。此地因佛而名，因水而商，因商而盛，历史文化底蕴深厚，素有“小兰溪”之称。历来有“千年古镇，清风商埠，佛教圣地”的赞誉。

佛堂古镇历经千年，镇中古色古香的老街、古建筑、名胜古迹等均有着佛堂自己的特色。老街两旁，清、民国初期的古建筑均是二层楼木结构，挠檐木雕画廊，鳞次栉比，巷弄窄而弯曲，整体上仍保存了古代市井的风貌。大批古民居都是明、清与民国时期建筑，白墙青瓦，庄重典雅，结构独树，巧夺天工，与佛堂老街，珠联璧合，浑然一体。

佛堂镇因其地理位置优势而交通发达，凭借义乌江航运开发，而成为数百年长盛不衰的商埠，人流纵横、商贸繁荣，有着不少本地色彩强烈的风俗，如打高车、打秋千、抬阁跷、狮子抢球等；还有本地的民俗活动，例如正月十八贾氏抬阁跷、清明节登云黄山、五月初八祭奠傅大士、十月十传统庙会、十一月初八田心猪羊祭等，全镇现有非物质文化遗产21项。

—— 新华剧院

—— 老烟店

—— 节庆活动

义乌三大特产(火腿,红糖,南枣),佛堂镇有其二——火腿和红糖。老辈传言,金华火腿出义乌,义乌火腿出田心(佛堂镇田心管理处驻地)。历时上百年的义乌红糖几经沉沦几经雄起,传承至今又有了新的发展。佛堂镇后阳村"王培记红糖"老品牌,重现名品。此外,佛堂美食"白切羊肉",全国独一无二,是义乌十大名小吃之一,采用多项传统技艺烹饪而成,肉鲜味美,曾有"传团不传囡"之说,让人心仪,让人常忆。

**小贴士**

佛堂旅游风情小镇位于浙江省中部,义乌南部,北距义乌主城区10公里,距义乌机场、高铁站25公里,杭温高铁、甬金高速公路和金义东南线穿镇而过,小镇北侧临近徐村高速口。

——万善桥

# 兰溪市 诸葛镇

首批省级旅游风情小镇

悠悠古镇唤乡愁
风情诸葛看古今

—— 钟池

诸葛镇是全国诸葛亮后裔最大聚居地，有全国重点文保单位两个、国家级非物质文化遗产两项，以及一个国家AAAA级旅游景区。

作为典型的江南小镇，这里有砚山翠屏的绝代风华，这里有畲乡风情的小桥流水，这里有小巷悠传的捣衣之声……诸葛镇乡土古建筑存量丰富，形式多样，且保存完好，尤以诸葛八卦村、长乐村为最。

两村于1996年被国务院公布为全国重点文物保护单位，共有316幢元明清古建筑，其他各村有一定数量与品质的古祠堂，形成了“村村有古建，处处见祠堂”的建筑特色。诸葛八卦村以奇门八卦布局而成的村落面貌更是称为“华夏一绝”。

—— 诸葛亮像

—— 家训家规馆

诸葛镇民风温淳，民俗文化丰富多彩。其中，诸葛古村落营造技艺、诸葛后裔祭祖大典为国家级非物质文化遗产，孔明锁制作技艺、天一堂中药文化入选为浙江省非物质文化遗产。这里的人文风采“熠熠生辉”。诸葛镇先人中以诸葛亮、金履祥和梅执礼等先贤名师大儒为代表，耕读传家，文风浓厚，科甲鼎盛。

2017年，诸葛镇以创建浙江省旅游风情小镇为契机，活化古镇古村生态为目标，将诸葛镇保存较好的农耕文化、诗礼文化、市井文化、风俗文化以现代旅游理念予以展示，打造古韵小镇，富有深厚风情和魅力，别具一格。

慕名而来的中外游客徜徉在诸葛镇沧桑的青砖、黛瓦间，沉醉于古朴淳厚的民风里，世俗喧嚣悄然而去，思古悠情油然而生……

**小贴士**

诸葛旅游风情小镇地处兰溪市西部诸葛镇，为杭金衢“金三角”之中心点，330国道、G60高速公路游诸互通口和21省道在诸葛集镇交会对接，交通便利，区位优势明显。

—— 昱栈民宿

# 磐安县 尖山镇

浙脉群山盘古魂
源生诸水上清声

—— 荷花谷

磐安多山，与大多数乡镇地处山涧相比，尖山镇位于海拔520米的高山台地。云端之上，既藏着丰富的生态优势，又孕育了广阔的发展空间与希望。尖山镇位于国家级生态示范区，是中国香菇之乡、药材之乡、生态龙井茶之乡。

—— 采茶叶

尖山镇保存有浙中最大的乌石古建筑群，尤以乌石管头村最为典型，2012 年列入第一批《中国传统村落名录》。管头村环境条件较好，植被丰茂，群山环抱。村边梯田依山势陡然下降，落差数百米，在雾天的早晨似空中楼阁，被称为“空中花园”。乌石古民居群布局严谨，保存完整，古朴典雅，底蕴深远，是浙江省内保存较为完整的古建筑群之一。

尖山镇的农家乐主要分布于榉溪、管头和乌石村区域，特别是乌石村农家乐，石屋的建设非常有特点，吃的是农家自种、自养的食材，吸的是无污染的新鲜空气，远离城市的喧嚣，回归农耕时代。“玉山菜”“玉山点心”在当地小有名气，风味独具特色。

—— 石屋

小镇所在地历史悠久，民风粗犷豪放，民俗丰富，独具特色，有迎龙虎大旗、舞狮、舞龙灯、婺剧、花头台、越剧、小戏、叠罗汉、寿龟献茶、赶庙会等。其中迎龙虎大旗更是威震八方，是“赶茶场”的重要活动内容之一，起源于宋朝，至今已有800 多年历史。大旗竖起时，旗杆高耸入云，大旗迎风招展，气势磅礴，场面甚为壮观，已被列入浙江省非物质文化遗产名录。

—— 炼火

## 小贴士

330 国道贯穿全境，并有高速公路的出入口，距主城区30 分钟车程，从前仓高速驱车2.5 小时可直达杭州。

# 江山市 廿八都镇

首批省级旅游风情小镇

绿竹青山暖亦凉

若有似无烟雨朦

—— 小巷

廿八都镇，1931 年始建镇，位于江山市西南端60 公里，地处浙、闽、赣三省交界的仙霞山脉中，素有“浙西南锁钥之称”，专家誉此为“文化飞地”，学者称其为“一个遗落在大山里的梦”。1997 年被评为浙江省历史文化名镇，2007 年被评为中国历史文化名镇。

与其他江南古镇相比，廿八都像个谜，存在于蛮荒苍茫的大山里，掩藏在青山绿水间。黛瓦粉墙依旧保留着19世纪的风貌，带着古朴的风韵在时间的节点上静静矗立。

廿八都的古朴是原汁原味的，建筑依古道两侧而建，长达1000米。廊桥横架于枫溪之上，在晨雾的缭绕和夕阳的照耀下，展现出不同的光影。俯瞰廿八都镇，它躺在仙霞山脉的怀抱中，屋顶间的炊烟在晚霞中一缕缕地散去，前有金黄色的稻田作铺垫，后有青山蓝天为屏障，粉墙与黛瓦在阳光下熠熠生辉。

枫溪桥是典型的石拱桥构造，完全不同于木质廊桥的珠坡桥。绿树覆盖，碧水环绕，一道斑驳的灰影横跨两岸间，静静地聆听桥下河水流过的声音，山风掠过，一身沧桑的石桥上，顽强的藤蔓不停摇曳，柔软的身躯衬托着石桥的坚韧。

—— 甩饼

—— 和睦大院民宿

—— 蓑衣编织

—— 枇杷

廿八都的建筑涵盖了浙派、徽派、闽派、赣派，甚至西方的巴洛克式等多种建筑风格。有木雕的也有石刻的，每个大宅院的门楼都精雕细琢，精美绝伦，彰显着家族的身份和地位。

来到廿八都镇，有两样美食不得不吃：一是廿八都铜锣糕；二是廿八都豆腐。廿八都铜锣糕是廿八都的传统糕点，已有千年历史，在浙闽赣地区被称为“糕中之神”，百香调和，滑腻爽口。

丰富多彩的人文景观，古朴浓郁的民俗风情，独特厚重的文化积淀，使朴素淡雅的廿八都镇在现代文明的包围中显得异常夺目。缓缓流淌的潺潺溪流，诸多悲喜，不过是岁月湍急中的一颗沙砾，与温暖言欢，与光阴把盏，前行再前行。

**小贴士**

廿八都镇，位于浙江江山境内，为历史文化名镇，浙江省作家创作基地，地处浙闽赣三省交界，交通便利，205 国道穿镇而过。

# 柯城区 九华乡

独步幽径闻烟迟

山寺鸣钟晨将至

—— 九华集镇

—— 印象庙源溪

—— 耕牛迎春

—— 九华乡寺庙

九华乡农耕文创运动小镇位于衢州市西北面，距市区约9.5 公里，辖区东界周家、云溪二乡，南邻万田乡，东北与双桥乡接壤，西靠石梁镇，西北连七里乡，面积82.32 平方公里，辖23 个行政村，总人口2 万余人。小镇南距衢州民航机场、高铁衢州南站及杭金衢高速15 分钟车程，西北距杭新景高速亦15 分钟车程，距即将开建的高铁衢州西站10 分钟车程。

九华乡民居以山区夯土泥木平房和有着徽派风格的建筑为主。梧桐祖殿是我国唯一保存完整的供奉春神句芒的殿宇，是人类非物质文化遗产“九华立春祭”所在地，以清末民初的建筑风格为主；庙源溪畔的新宅村，保存有古建筑75 处，占地面积达16000 平方米以上，是浙西地区罕见的古建筑群。位于九华青峒峰下的“衆园”是由“衆缘”“子陵洲”“桂园”三组园区组成，保存了一批国内著名的明、清古建筑精品。另外还有寺坞古民居、邵氏读书台及省级重点文物保护单位荥阳侯夫人墓等历史人文古迹。

九华乡的人文历史积淀和风俗节庆活动也异常丰富。小九华山佛教起于东晋，盛于唐、宋，历经元、明、清依旧香客如织，可谓佛风浩荡，遗韵不歇；九华立春祭传承千年，2016 年11 月30 日被联合国教科文组织列入人类非物质文化遗产名录，体现了二十四节气的科学性，体现了华夏农耕文明的博大精深。

—— 春神庙

九华乡属亚热带季风气候区，四季分明、冬夏长春秋短、光照充足、降雨丰沛。境内的柑橘、水稻、杨梅、水蜜桃等均有一定的种植，特别是被称为亚洲“宽皮橘之王”的椪柑种植面积较大。

九华的餐饮是以农家乐为主的家常风味，但不同于江浙的其他地区，咸辣带劲的农家小菜在餐饮上有一定的知名度，比如为众多食客所追捧的“三头一掌”。另外九华立春祭祀活动所特有的“九华春糕”也为大家所喜爱。

**小贴士**

柯城区九华乡位于浙江省衢州市衢城西北，距城区9.5 公里。因境内有“九华山”而得名，地界衢江区和本区石梁镇、七里乡、万田乡等。面积82 平方公里。衢州柯城区出发路经九华北大道和航河北，驶入X314，最后到达目的地。

# 衢江区 黄坛口乡

远看山有色
近听水无声

黄坛口乡坐拥得天独厚的自然条件，森林覆盖率高达90%以上，是名副其实的天然氧吧。乌溪江水穿流而过。这里有纯天然、无污染的高山蔬菜；有品在舌尖、润在心脾的滋补药膳；有梅妻鹤子的桃源仙居；有风自山而下，掩苒众草，纷红骇绿……

—— 天脊龙门

—— 药王山八卦井

紫薇山国家森林公园可以说是本地人私藏的避暑胜地了。徜徉在茫茫林海中，从龙门到水门尖有条长达2000余米的“飞龙在天”栈道，仿佛一条神龙在悬崖山脊间飞舞，险峻神化，行走其间，就像穿梭在飞天之上与云雾共舞，豪情顿生。再往深山老林迈进，便可真正体验到山乡人家的清静和安宁。

“九龙湖上泛游船，绿水青山笼雾烟。凝望烂柯何必去，逍遥此地也如仙。”九龙湖自古以来人文荟萃，吸引了无数文人墨客和知名人士前来观光，留下了许多华美诗章和墨宝。

—— 九龙湖

—— 关公山青龙瀑

—— 树莓

得天独厚的自然环境，造就了这片中药材的盛产地，药膳是黄坛口乡一大特色。药王山的中草药文化被发扬得淋漓尽致。黄精东坡肉、覆盆子泥鳅、杜仲煨猪腰……将中药与那些具有药用价值的食物相配，采用独特烹调技术制作而成的美食，远闻有药香，近吃无药味，具有较高的营养价值，对身体健康也有很多好处。

迎着阵阵江风，这里好似一方纯净的桃源，依旧保持着古时的风韵，让人在悠然飘荡间回归内心的宁静与安逸。座座延绵起伏的青山将小镇围住，如一个迷宫般，绕啊绕啊，眼前却还是那一抹挥不去的绿。

**小贴士**

黄坛口乡位于衢江区南部，地属浙江省衢州市，处风光秀丽的乌溪江畔黄坛口水库库区，乡政府驻地黄坛口村，距衢城15.5公里，水陆相通。衢州出发沿衢黄公路途经巨化，即可到达黄坛口乡。

# 嵊泗县
# 五龙乡

渔民画之乡
浓郁海风情

—— 六井潭景区

五龙乡境内海域辽阔，岛礁棋布，奇岩异石，比比皆是；海景绚丽多姿，山色四季各异，金沙渔火连绵，海洋文化深厚。

——童礁岛

五龙乡是“渔家乐”特色休闲旅游项目的最早兴起地之一，五龙乡田岙村也是国家级休闲渔业示范基地。乡内有四大佛教名刹和三大观音道场之一的大悲山灵音寺、自然与文化交融的鉴真东渡遗址、回归自然的渔家风情、展现渔村海岛文化的大型渔民画露天壁画等景点。乡内六井潭与和尚套景区内面临茫茫东海，是观海上日出、看千舟竞发的最佳之处，为嵊泗原生态蓝色海岸休闲旅游度假带之核心景区，有和尚观潮、将军石、返乡船、朝阳亭、观景台、乌龟石、海上石林、木鱼石等各种景点。

——墙绘

看海揽胜的最佳处一路都是栈道，脚下悬崖峭壁，耳边潮声四起，人们可以观赏到奇礁怪石和大海万般变幻。炎炎夏日，凉风习习，放舟碧波万顷的大海，撒出满腔希望；岛礁拾贝，捡拾久违童真；碧海垂钓，钓起快乐心情；滩上捞鱼，过上一把渔民瘾；鼠山探险，体验心跳，亲密接触湛蓝大海；渔港入夜，渔火齐明，交相辉映，繁如星海。

嵊泗是我国东海的渔场中心，号称“东海渔库”，海域盛产黄鱼、带鱼、墨鱼、黄龙虾米。枸杞岛的贻贝，大洋、金平的海蜇皮，嵊山、枸杞岛的海蜒等也都驰名中外，畅销国内以及日本、美国和东南亚等地。

—— 捕鱼归来

—— 海湾森林民宿

—— 绿野仙踪

## 小贴士

五龙乡位于泗礁岛东部，距离县城约10 公里，西北毗邻菜园镇，东南与黄龙岛隔海相望，进出便捷。江浙沪的游客自驾直接导航至小洋山岛的沈家湾客运码头即可。

# 普陀区 桃花镇

春来遍是桃花水
碧海潮生按玉箫

——射雕英雄传旅游城

桃花镇地处东海环抱之中，是理想的度假、休闲胜地。桃花镇古称“白云山”，秦时安期生抗旨南逃至桃花岛隐居，修道炼丹，一日醉墨洒于山石，成桃花纹，斑斑点点，故石称“桃花石”，山称“桃花山”，岛称“桃花岛”。

—— 2018 海浪音乐节

—— 熏马鲛鱼

桃花美景过去并不为旅游者熟知，岛上峰峦起伏，林木参天，山海云雾，时隐时现。碧海金沙与蓝天白云交相辉映，灵岩怪石与神话传说相互衬托，涛声与鸟声相映成趣，气候宜人，风景独特。山花烂漫，林木葱翠，植被覆盖率75% 以上，有“海岛植物园”之称。置身于此，仿佛走进了桃花岛主黄药师精心布置的桃花山庄。

旅游业为桃花镇主导产业，目前全岛共开发有6 大景区，其中4 大景区已对外开放。旅游资源种类众多，山、海、沙、岩、洞、石、礁、溪、潭、瀑、林、鸟、花、钱、古庙、寺院、古代军事遗址、历史纪念地、摩崖石刻，再加上武侠文化、神话传说和海洋文化等，旅游资源，丰富多彩。

—— 临安街

桃花镇最有名的当然就是海鲜了，咸肉蒸白蟹、清蒸多宝鱼、红烧鲳鱼、爆炒舟山螺等，肉质鲜嫩，营养丰富。梭子蟹炒年糕是舟山人特色的吃法，年糕不只是单一的爆炒，而是和味道鲜美的梭子蟹放在一起炒，创意十足，回味无穷。

—— 塔湾金沙香草园

**小贴士**

桃花镇地处浙江省舟山群岛东南部，普陀诸岛屿中心，北距舟山市普陀区政府所在地沈家门7.8 海里，与“海天佛国”普陀山、“沙雕故乡”朱家尖隔港相望。

# 普陀区 东极镇

烟波自此归东极
红日初曛听雁鸣

—— 东极风光

东极岛属浙江省舟山市管辖，是我国海洋最东端的边境岛屿。由于毗邻深海、远离大陆，加上受海洋性季风气候影响，东极岛气候很是恶劣——“无风三尺浪，有风浪过岗”。

东极镇是一个发展海岛旅游的乡镇，由于这里地处外海，远离内陆，所以造就了东极镇这独一无二的无敌海景，各个岛上奇山异石也数不胜数。放眼望去，漫山遍野都卧躺着大小不一、外形浑圆的石块，从鹅卵般大小到一幢屋子大小的都应有尽有。一排排高低错落的石头房子，层层叠叠，顺势而上，从远处看犹如一座巨大的古堡，神秘而肃穆。

特殊的气候环境造就了东极岛独一无二的民间信仰。和我国东南沿海普遍信奉妈祖不同的是，东极岛上的渔民将“财伯公”奉为最高神灵，祭祀不绝，而一座高达20 多米的“财伯公”塑像，就矗立在庙子湖岛的放火山上。

—— 东极风光

—— 遇见海民宿

这里还有丰富的海洋资源，地道的海鲜数不胜数，东极海鲜夜排档特别出名，到岛上必定要品尝虎头鱼、铜盆鱼、石斑鱼、淡菜等鲜美海鲜，体形越小的海鲜反而越加鲜嫩肥美。除了海鲜之外，这里还有丰富的人文风采，如徐福东渡、登岛第一人财伯公等众多传说，近代更有红色经典“里斯本丸沉船典故”等。

白天抛下匆忙的脚步，四处悠游，天黑后则可以一边听着海浪拍打岩石的声音，一边躺在平地上看星星。整个人得到了完全的放松，安谧恬静，悠闲自得，仿佛自己被整片蔚蓝的大海包围住，到了极乐世界。

—— 酒坛子的渔民画

—— 夜排档

## 小贴士

东极旅游风情小镇地处舟山群岛最东端，主要由黄兴岛、庙子湖岛、东福山岛、青浜岛组成，自驾无法到达，需要游客到达舟山普陀半升洞客运码头乘船前往。

# 仙居县 皤滩乡

花灯演尽历史风华

皤滩诉说风云过往

—— 老街

—— 永安溪漂流

地处浙江省东南部的仙居县，早在东晋永和三年（347 年）即单独设县，名乐安，已有1600 多年的历史，可谓千年古邑。五代后唐天成五年（930 年）改名永安县，北宋景德四年（1007 年）真宗皇帝以其“洞天名山，屏蔽周围，而多神仙之宅”下诏改永安为仙居，一直沿用至今。

皤滩因着连接东南沿海与浙西内陆的优越地理位置，自从唐朝渐渐形成村镇起，始终是江浙地区一个著名商埠，也是古代食盐之路的重要中转码头。这里有着许多令人唏嘘的风云历史，虽然现在一切都已尘埃落定，但古镇千年的历史风华依旧熠熠生辉。

古镇在夕阳余晖的映衬下，渐显出温缓的轮廓。民国时期遗留下来的民宅古居，气势宏伟，让人体会到百年文化的内涵。现存有一条东西长2 公里，呈龙形弯曲有致的古街，一些老字号牌匾上墨迹还依稀可辨：同源利生大药房、官盐绍酒酒肆、苏松布庄、两广杂货……给人一种历史交叠感。

—— 古宅

皤滩的民俗既有浓郁的地方特色，又有各地地方文化的融合。如板凳龙、鲤鱼跳龙门、卷地龙等。针刺无骨花灯是皤滩的一绝，也是浙江地区著名的民间工艺，2006 年5 月20 日，该遗产已列入第一批国家级非物质文化遗产名录。此灯造型别致，灯身没有骨架，玲珑剔透，轻巧若飞。

皤滩有着非常淳朴地道的江浙农家土菜系列，比如大脸豆腐、蜜汁红薯、永安溪鱼等，各具特色。尤其是久负盛名的“仙居八大碗”，选料讲究搭配科学，是当地百姓喜事请客必用的传统大菜。此外，仙居县城也是中国杨梅的重要生产基地和采摘地，以荸荠和东魁品种为主。2002 年仙居被命名为“中国杨梅之乡”，仙居杨梅也被称为“仙梅”，闻名全国。

—— 古建筑

—— 仙梅仔排

## 小贴士

皤滩乡位于浙江省台州市仙居县县境西部，距仙居县城西约25 公里，地处永安溪独一无二的五溪汇合点。从上海前往皤滩的豪华大巴，每天上午和下午各有一趟，先走沪杭高速公路，再转入杭宁高速，车程6 小时左右。

# 温岭市 石塘镇

东海之滨好望角
静候第一缕曙光

—— 出海捕鱼

东方好望角石塘镇，位于温岭市东南濒海处，西北以石塘山为屏，三面环海，是一个古老的渔村集镇，具有旖旎的海滨风光。石塘被誉为“巴黎圣母院”和“画家的摇篮”，2000 年时，新世纪的第一缕曙光照耀在这里，于是这里便慢慢被人知晓。

—— 千年曙光碑

石塘镇被大海环抱着，盘踞东海之滨。她的美不仅在于靠海，更在于那些打动人心的石屋建筑，石塘的石元素无处不在。全镇由山上厚达半米的灰色石块垒砌而成，奇特的建筑和渔村的情趣融为一体，洋溢着浓郁的艺术气氛，宛若一座座碉堡耸立于山体之上，错落有致，雄浑粗犷，组成了一幅“屋咬山，山抱屋”的壮观景象。

“东临碣石，以观沧海”，8.5 公里的石塘半岛滨海绿道贯穿了整个石塘半岛度假区的海岸线，几乎把温岭石塘最曼妙的海岸风光都拽到了你的眼前。层峦叠嶂的山岗、变化万千的风景、浪打礁石的轰鸣……绿道一面是绿意葱茏的青山，一面是波光粼粼的蓝海，轻易便将山海美景分隔开来。

—— 大奏鼓国家级非遗

—— 石屋民宿群

—— 海鲜美食

来到石塘，除了看海山风景，也别忘了特色美食，石塘拥有独特的食文化《石塘风情》一书作者陈其恩将石塘特色小吃用16个字概括，即“一龟一粽，两汤三面，三圆四粉，四羹五酒”。空气里都是淡淡的海腥味，小镇上到处都是海鲜排档，吃海鲜、吹海风，生活的惬意不过如此。

石塘还有特别的民俗文化也不可错过，那就是古老而富有风情的大奏鼓、小人节，这两项也相继被列入国家级非物质文化遗产名录。在石塘，看潮起潮落，渔帆掠影，就算面对大海发呆都是件自然惬意的事情。

**小贴士**

石塘旅游风情小镇位于浙江省台州市温岭市东南角，濒临东海，是千年曙光首照地，目前游客可以从G15沈海高速温岭西（大溪出口）沿着石松一级公路、324省道直达小镇。

# 椒江区 大陈镇

万般风情集一身

东海明珠新传奇

——甲午岩

景观奇绝的大陈岛，山海一体、水天一色，素有“东海明珠”美誉。这里一年四季气候宜人，是一个集旅游、钓鱼、观日出、尝海鲜的休闲度假理想之地。

—— 大陈岛

—— 垦荒纪念碑

海岛上各色小野花迎风摇曳，港湾静谧祥和，浪通门海浪汹涌，卷起洁白如雪的浪花，海岸上礁石兀立，墨绿色植被匍匐于海岛，抬头是纯净碧蓝的天空，一切都美得那么梦幻。

石块垒成的老屋、石头雕花的窗棂，被海浪冲刷留下痕迹的老船坞，这些独特的海洋文化元素构成大陈岛独特渔家风情。漫步海岛，修补渔网的渔民、晾晒的海鲜、满载而归的渔船，让你真真切切地感受到渔家生活的趣味。

渔船云集渔港，港内桅樯林立，纯净富含矿物质的海水孕育出鲜美的海产，大陈岛渔场资源丰富，风干制成黄鱼鲞、墨鱼鲞、鳗鲞、炊皮、虾皮、咸带鱼、蟹板、鱼生等，琳琅满目，是食客们的天堂。

大陈岛上岗峦起伏，房屋以石头房为主，主要集中在大小浦及西咀头区域。其中大小浦村古村落，一座座错落有致的石头屋依山而建，于2013 年被列入第二批全国传统村落保护名录。

这里地处东海一隅，大自然眷顾这片美丽丰饶的土地，赋予它丰富的海产资源。两岸乡情文化节、海钓节、海鲜啤酒广场节等传统节会风俗无不体现极具地域特色的渔民文化。

这座美丽的小镇一直是习近平总书记心中的牵挂。一次登岛，两次回信，流露出习近平总书记对大陈岛发展给予的特殊关爱，其所承载的垦荒精神，更是受到总书记的多次肯定。岛，在几代大陈垦荒人的脚下，也在你我的心中。对国土的热爱，是流淌在我们血液中的一种情愫；对家国的热爱，是滋养人们精神的一种养分。每一寸土地都闪烁着特殊的美。

放眼未来，大陈岛必将更加壮丽！

—— 蒋经国旧居

—— 海鲜鸡烧鱼鲞

### 小贴士

大陈岛位于浙江中部台州湾东南海域，距台州海门港 54公里。交通主要是从椒江海门港、路桥金清，坐客轮到达大陈岛，目前共有 7艘中高档客船用于陆岛、岛际交通，陆岛交通最快只需40~50分钟。

# 龙泉市 竹垟畲族乡

首批省级旅游风情小镇

龙泉问剑白云岩

桃花飞瀑古樟村

—— 戏水

—— 三月三活动

秀山丽水的龙泉市竹垟畲族乡是龙泉唯一的少数民族乡镇，处处闪耀着畲乡文化的诱人风采。在青翠山峰间，可以尽情地呼吸清新的空气，拥抱大自然，欣赏看似平凡却四季变幻的风景。

踏着季节的脚步探寻古村景色，或近或远，大自然用层层画笔勾勒出一幅田园画卷。竹垟一披云山一路上风光旖旎、绿树成荫、溪水清冽，还有畲乡儿女风趣热闹的赛歌、古朴淳厚的舞蹈、喜乐祥和的畲族婚嫁、自成一格的畲族年节、鲜艳的畲族服饰、引以为豪的畲乡名茶和民间工艺品，处处闪耀着畲乡文化的独特魅力。

论底蕴，畲民在此定居了350 余年，遁世休养，洗肺洗心，坐拥良田千顷。这里的畲乡氛围不是“围墙式”生硬说教，而是弥漫于人们生活各处。随处可见的老宅子，墙壁上飘逸的凤凰图腾，走在大街小巷常听到的畲语问候语“泰礼好”。而最打动人的是，畲乡人那种质朴的内敛、温暖和坚持。

—— 晒香菇

—— 畲族婚俗

畲乡人质朴好客，迎面走来的都是一张张和气的脸，热情地打着招呼。畲族老奶奶坐在自家门前的凳子上，一针一线缝补着旧衣裳，笑容恬淡，是岁月流逝过后的从容与淡定，于老街之中，寻觅平静，不是躲避喧嚣，而是让心上开出一朵花。"三月三"是畲族的传统节日，乌稔饭、"女儿红"、千层糕、仙筒煲、三鲜粽子、南瓜饼、煎黄粿是畲族美食文化代表作。

历史上出自竹垟的名人众多，明初开国功臣胡琛、章溢等人的老师王刚叔，晚清著名书画家王树人等名人逸士都曾在这留下他们的生活足迹。红色文化丰富浓厚，土地革命时期，粟裕将军率队六进披云山，41 名烈士在这里用鲜血抒写了辉煌的篇章，留下了不朽的传奇故事，让人仰望恒久。

**小贴士**

竹垟畲族乡旅游风情小镇位于浙闽赣边境，浙江省丽水市龙泉市西部，东距龙泉市区约 28 公里，离丽水市区约 150 公里，陆路交通便捷。

—— 水上乐园

—— 煎黄粿

# 遂昌县 王村口镇

高山流水诗意浓

挺进精神忆峥嵘

—— 墙绘

鸟瞰王村口全貌，景象变幻万千。它青山绿水环绕，民风淳朴，充满未经雕琢的美，有“常年云雾，夏季无夏，冬季雪丰，春花迟发”的特点。晨间，薄雾似纱，山环水转；傍晚，夕阳斜照，风景旖旎。人处其间，恍如世外桃源，不知是人在画中游，还是画在心中移。

漫步在各个景点之间，横跨镇两岸的乌溪江让古镇增添了几分色彩。高低明显的坡度造就了上下梯田和中间黑瓦黄墙的民居，是少有的保存较完好的能代表遂昌农居的村落。“1935 文旅古街”是王村口重建的一条红色古街，沿街店铺里依旧可见棕艺（蓑衣）、打铁、竹篾编织、做布鞋、弹棉花等传统手工艺。

—— 长粽

—— 包长粽

20世纪 30年代，中国工农红军北上抗日先遣队两度袭取王村口，在此开展了革命活动。1935年刘英、粟裕将军率中国工农红军挺进师进入浙江开展游击战争，千里转战，历经艰难，将小镇作为师部驻地，创建浙西南游击根据地，从此站稳脚跟，发展壮大，掀起革命高潮，有力地支援了邻近游击区的斗争，从战略上策应了中央主力红军长征。

—— 全景

—— 红色旅游

虽然昔日游击战的惨烈已经离我们远去，但今日呈现在游人面前的王村口被赋予了壮美的“红色”意义。王村口开发红色旅游的重点就在于“挺进师”的“挺进精神”。一座废弃的中学被修整起来，作为爱国教育的基地。在基地中，中小学生被教育“挺进精神”，让革命精神代代相传。当地着力打造王村口的红色“旅游名镇”，千年古镇美名大扬。

**小贴士**

王村口古镇，位于浙江省丽水市遂昌县西南部，地处国家级自然保护区九龙山东麓。关川溪由东至西穿境而过，并在此汇入乌溪江。从县城自驾车或者乘公共汽车1 小时即可到达。

# 松阳县 松阳老城

一带清溪春水阔
渔人无事话秦川

—— 老街夜景

被时间遗忘，不是说它不被人所熟知，而是躲过了时间的洗礼，带着厚厚的历史沉淀到如今。松阳老城曾是县城最繁华的一条街道，因山奇水秀的西屏山而得名，始建于东汉建安四年(199 年)，历史无比的悠长、悠久、悠远。

西屏老街上商肆连绵、古风依旧，俨然当代的《清明上河图》。老街只有四五米宽，一排排别具神韵的街坊紧紧地挨在一起，早已被历史的风雨剥蚀得斑斑驳驳。街道环境繁华却无喧嚣，宁静而不冷清，一派江南传统小城风貌。

漫步小镇，是一路的祖传草药店、豆腐店、剃头店、铁匠店、打秤店、碳竹铺、锡箔铺……在一些大都市和许多地方已看不到、近乎失传的古老手工艺，在这江南偏僻小镇仍旧滋润地延续着。店铺里虽有些凌乱，商品也不怎么值钱，可生意依然兴隆，百年不衰。

—— 老街道

—— 铁匠铺

“百里乡村百里茶”是松阳的真实写照，作为茶叶王国的松阳，除了优质的茶叶，更把茶叶元素融入美食，绿茶宴由此而来。茶叶面、茶叶太极羹、茶叶煎饺、红茶香猪蹄……你能想到的搭配这里都有。不过，这里最有名的当数茶叶熏火腿，用修剪下来的茶叶枝条熏制火腿，加上猪肚熬成茶叶熏腿猪肚锅。你也别小看这小小的一锅菜，大多数来松阳的游客都会来这尝鲜，喝上一口鲜美的浓汤，连央视、浙江经视等媒体都大加赞赏。

—— 莺舍民宿

—— 松阳十大风味小吃

小贴士

西屏街道（松阳老城）位于松阳县城所在地，是松阳政治、经济、文化中心。目前距离上海的车程为4.5 小时，距离杭州2.5 小时，距离温州1.5 小时，距离金华、衢州仅为1 小时，已融入了浙江省4 小时经济圈。

# 缙云县 新建镇

今入河阳仰旧瓴
一村古风响琴声

—— 节日的河阳马头墙

新建是一个千年古镇，历史悠久，人文荟萃，自汉唐时期就有人居住，是典型的鱼米之乡，现有我国保存较完整的明清古民居——河阳古民居，属省级历史文化保护区，也是缙云仙都旅游名胜区的主要景点之一。

—— 高铁穿越笕川花海

河阳历史文化保护区源远流长，明清古建遗存错落有致，清一色的灰色建筑群落，给人含蓄、温婉的感觉。高耸气派的马头墙，具有“黑瓦白墙，飞檐翘角，依山傍水”的特点，加上独具魅力的古壁画、古诗词，斑驳的屋墙以及青砖黑瓦，记录着这个古村千百年的风雨历程。

小镇的一大特色为河阳深厚的耕读文化。有自创象形字“耕读家风”“耕凿遗风”“循规映月”“忠厚传家”“廉让之间”；“风月古”“水云间”等门额家训随处可见；在“十八间”后堂伙舍门板上也雕刻着“读万卷书才显眼界，种千钟粟足活心田”这样的联语，耕读文化已经渗透进新建镇百姓的日常生活。

小镇还保存了当地丰富的非物质文化遗产及特色风俗节庆活动。以河阳剪纸为代表的“缙云剪纸”，以其生动传神的形态，成熟精湛的技艺，在浙江省级非物质文化遗产名录中独占一席，别具风华。

—— 做麻糍

—— 笕川花海

## 小贴士

1 - 新建镇地处浙江省缙云县西部，距县城15 公里，原新建区是缙云三乡之一的“西乡”，是钱塘江水系婺江流的发源地之一。

2 - 新建镇交通发达，金丽温高速公路自北向南穿境而过，总长度10 多公里，通往丽水、武义的道路方便，新一级公路建设也已建成通车。

新建镇历来是全县的重点产粮区，新建麻鸭闻名全国，被授予“中国麻鸭之乡”的称号，粮食、香菇、畜禽、蔬菜是农业上的四大支柱产业。

雨后的小路，寂静深远，雨水滴滴答答，在小巷里回荡着，仿佛在弹奏一曲天籁之音，诉说着河阳古民居的千年风韵。

—— 村头牌坊

# 【后记】

著名建筑学家梁思成先生在其著作《中国建筑史》中写道：雄峙已数百年的古建筑(Historical landmark)，充沛艺术趣味的街市(Local colar)，为一民族文化之显著表现者，亦常在“改善”的旗帜之下完全牺牲。

在文化与旅游融合发展的大背景下，编写出版《雅有风情寄乡愁——浙江省旅游风情小镇导览》，一方面是为了全方位地向游客读者们展示浙江旅游风情小镇经过近年来的发展而展现出的新景色、新风貌，更重要的目的是，以旅游风情小镇为载体，通过文字与图片，记录一直藏匿于浙江山水之间的古建筑、古街道、老手艺、老匠人、非物质文化遗产、习俗等，展示不同地域之间不同的自然风景、建筑风貌、节会风俗、特产风物、餐饮风味、人物风采，让“民族文化之显著表现者”更加显著，使得“在‘改善’的旗帜之下完全牺牲”的文化得以“复活”。

篇幅所限，本书仅选取了36个具有一定代表性的旅游风情小镇，希望以此抛砖引玉，激发游客朋友们关注风情小镇、走进风情小镇的热情，激活相关领域专家学者对于风情小镇发展的新观点、新思路，激励各地继续加快旅游风情小镇的建设步伐。

由于编写时间紧、水平有限，难免有诸多不足和遗漏之处，敬请各位读者批评指正。